# Desconexión total

AF649901

Alles Digitale zu diesem Buch kann auf der Lernplattform **allango** von Ernst Klett Sprachen abgerufen werden. So geht's:

QR-Code scannen oder **www.allango.net** aufrufen | Buchtitel oder ISBN in der Suche eingeben und auf das Buchcover klicken | Zum Inhalt navigieren, direkt abrufen oder speichern

Dieses Symbol bedeutet, dass zu einem Buch-Abschnitt ein digitaler Inhalt verfügbar ist.

Lourdes Miquel

# Desconexión total

Ernst Klett Sprachen
Stuttgart

1. Auflage 5 | 2026

Alle Drucke dieser Auflage sind unverändert und können im Unterricht nebeneinander verwendet werden. Die letzte Zahl bezeichnet das Jahr dieses Druckes.

www.klett-sprachen.de

Autorin: Lourdes Miquel
Redaktion: Simone Roth
Illustrationen: Harald Ardeias, Schelklingen
Tontechnik: custom music, Andreas Nesic, Stuttgart
Sprecher: Julio José Serrano Porras
Layoutkonzeption: Andreas Drabarek
Satz: Satzkasten, Stuttgart
Umschlaggestaltung: Andreas Drabarek
Umschlagfoto: 123RF.com (Wittaya Puangkingkaew)
Bilder S. 32, S. 34, S. 38: Getty Images (calvindexter), München
Druck und Bindung: Elanders Waiblingen GmbH, Waiblingen

Printed in Germany
ISBN 978-3-12-560202-1

# Índice



## Hörbuch

Das Hörbuch kann online heruntergeladen werden (s. Seite 1).

## Lesezeichen

Das Lesezeichen hilft dir bei schwierigen Wörtern. Diese sind im Text blau markiert.
Falls du das Lesezeichen verlierst, kannst du es online kostenlos herunterladen (s. Seite 1).

# Leer juntos

Elige uno de los personajes mencionados abajo y marca la casilla del que te interesa.

En clase, leed juntos los capítulos 1–3. Después tú tienes que leer solo el capítulo de tu personaje (4 ó 5 ó 6) y, después, reúnete con tus compañeros de clase para hablar sobre lo que les ha pasado a cada uno de vuestros personajes.

Continuad leyendo juntos los capítulos 7–8. Después lee solo el capítulo de tu personaje (9 ó 10 ó 11) y discútelo, de nuevo, con tus compañeros.

Terermináis leyendo juntos el capítulo 12.

Claro que –si te encanta leer– puedes leer todo el libro y descubrirlo todo por ti mismo.

## Las personas

Miguel: es un romántico, pero intenta disimularlo. Toca muy bien el bajo y le gusta escribir letras de canciones. Tiene un pequeño secreto muy personal. Sigue a Miguel si no te gusta mucho leer libros, o si tienes un nivel inicial y prefieres textos sencillos. ☐

Dan: tiene 16 años, es el menor de los tres amigos. Es un friki de la música electrónica. Toca la batería. Es su primer concierto. Y tiene un secreto importante.
Síguele a él si leer te gusta y si el español no te parece muy difícil. ☐

Clara: es la mayor de los tres. Estudia Medicina. Es muy responsable cuando no va a un concierto. Está en un club de fans. Es una "profesional" de los conciertos. Pero sus amigos no lo saben todo.
Síguela si te encanta el español, te parece fácil y, sobre todo, si leer es un placer para ti. ☐

# 1. Largo viaje en tren

Ya en el tren. Es de noche.

– Por fin, qué bien, qué ganas.

– Qué ilu, ¿no?

– Y qué nervios –dice Dan.

– ¿Nervios?

– Sí, es mi primer festival, mi primer viaje sin padres, mi primer viaje de noche en tren...

Clara, Miguel y Dan van de Madrid a Almería a un macro festival de música electrónica: el "Dreambeach". Los tres tienen un grupo musical: Clara canta y toca la guitarra, Miguel el bajo y Dan la batería. La música es su gran pasión.

Dan tiene 16 años. Le encanta la música. La electrónica sobre todo. Lo sabe todo tanto de grupos conocidos como desconocidos. Es un friki. Y esta es la primera vez que va a un macro festival.

– Suerte que tus padres te han dejado venir –le dice Miguel.

– Sí, pero porque voy con Clara. Mis padres adoran a Clara. Es muy responsable, dicen.

– Jaja. No me han visto en un concierto –dice Clara riéndose.

– Jaja. Mejor.

El viaje de Madrid a Almería es largo. Casi 7 horas. Y, luego, tienen que tomar un bus hasta el lugar del festival: la playa de Palomares.

– ¿Lo tenéis todo? ¿Tienda de campaña, saco, bañador, toallas, crema para el sol?– pregunta Clara.

– Sí, sí.

– Tenemos que llegar pronto para poner las tiendas de campaña en un buen sitio –Clara es una experta.

– Nunca cerca de los lavabos –dice Miguel.

– ¿Por qué? –pregunta Dan.

– Demasiado ruido, tío. Y colas. Gente y gente y gente que entra y sale. Y tampoco cerca de los contenedores de basura. Por el ruido también.

– A ver si conseguimos un sitio cerquita del mar… –dice Clara.

– Mola.

El tren va llenísimo. Hay muchos jóvenes que también van al festival y algunas personas mayores que miran a esos jóvenes de todo tipo: altos, bajos, gordos, delgados, con rastas, pelo de colores, tatuajes, pantalones cortos, minifaldas, camisetas con mensajes y todo el rato conectados a sus tablets, iPad y móviles. Jóvenes que hablan, ríen, jóvenes con auriculares que siguen el ritmo de la música … Es una fiesta.

– Dios mío, qué juventud. Pobres sus padres –dice una viejecita a su marido.

– Son otros tiempos, mujer.

El tren sigue avanzando. Las horas pasan lentas. Todos se van durmiendo. Hay cada vez más silencio en los vagones.

Clara se duerme con los auriculares puestos. Miguel tarda un poco más. Antes de dormirse piensa en un nombre para el grupo de música que tienen con Clara y Dan. Un nombre que hace tiempo que buscan. Y acaba de encontrar el nombre ideal, perfecto para ellos. Quiere apuntarlo, pero se está durmiendo. "No importa. Mañana lo recordaré".

Dan no puede dormirse. Nervios. Demasiados nervios. A las tres de la madrugada se queda sin batería y decide ir al vagón restaurante a tomar algo. Tiene hambre y sed.

El bar está sorprendentemente lleno.

"Cuánta gente con hambre a estas horas", piensa.

Un rato después consigue comprar un bocadillo de jamón y un batido de chocolate.

Es difícil salir del bar con las dos manos ocupadas y tanta, tanta gente.

– Eh, tú, no empujes– le dice un chico fuerte con un gran tatuaje en el cuello y cara de pocos amigos.

– Perdona –le dice Dan.

El chico lo mira enfadado.

"¿Y a este qué le pasa?", piensa Dan. "Qué mal rollo".

Finalmente consigue salir del bar y vuelve a su asiento. El bocadillo no es muy bueno. Pero no hay problema cuando hay hambre.

El silencio en el tren es ahora total. Empieza a verse la luz del nuevo día. Y Dan sigue despierto. Antes ha mirado mucho rato el programa del macrofestival y ahora trata de recordar qué grupos quiere ir a ver. No es fácil. Es un macro festival, con cinco escenarios. Cinco grupos que actúan a la vez. Y todos son muy buenos.

Mientras Dan está pensando en el programa, Clara se despierta.

– ¿No duermes? –le pregunta.

– Imposible. Nervios, nervios, nervios.

– Jaja. Tranqui, tío. Será súper guay.

– Estoy decidiendo a qué conciertos quiero ir. Pero no me aclaro. Los quiero ver tooooodos.

– Eso va a ser difícil, Dan.

– Lo sé, jeje. ¿Tú ya lo tienes claro?

– Seguro, seguro, seguro que iré a ver a *Banana's Revolution*, que me encantan.

Clara ha empezado a estudiar Medicina en la Universidad. Es muy estudiosa y muy responsable, pero tiene un pequeño secreto. Es una fan total de *Banana's Revolution*. Es miembro del club de fans. Va a todos sus conciertos. A todos, en cualquier ciudad, en cualquier país. Llega horas antes, hace cola por la noche para ponerse en primera fila, los sigue en Instagram, en Twitter, en Facebook, escucha sus canciones a todas horas, se sabe todas las letras y tiene fotos del grupo y con el grupo en todas partes. Miguel y Dan no saben todo lo que Clara ha sido y es capaz de hacer por su grupo favorito.

Miguel se despierta:

– Oh, noooo –dice casi gritando.

– ¿Qué te pasa, Miki?

– Esta noche, cuando me estaba durmiendo, he encontrado el nombre perfecto para nuestro grupo.

– Venga, dinos cuál es.

– Pues es que no me acuerdo, tíos. No me acueeeeeerdo.

## 2. La llegada

La salida de la estación no es precisamente tranquila. Todos los que van al festival bajan del tren corriendo a tomar los autobuses para ir a la playa de Palomares.

– Venga, tíos, rápido, que tenemos que llegar pronto y coger sitio para las tiendas de campaña.

– No me estreses, Clara, que por las mañanas soy muy lento –dice Miguel.

– ¿Solo por las mañanas?

– Jajaja.

– ¡Un café! Yo necesito un café. Estoy muerto de sueño –dice Dan.

Tienen suerte y consiguen subir a uno de los primeros autobuses.

Llegan a Palomares. El paisaje es magnífico. Una playa larguísima, de arena fina, con un mar tranquilo e intensamente azul y unos árboles que llegan hasta la arena. La zona de camping es un gran espacio donde ya hay muchas tiendas de campaña de todos los tamaños y colores.

– Corred, corred, vamos a buscar un buen sitio para poner nuestras tiendas –dice Clara.

Miguel mira a Clara, con su pelo largo, su cuerpo delgado y su vestido de verano, correr hacia la zona más cerca del mar. “Es una imagen maravillosa”, piensa. “Clara es maravillosa”.

Dan no puede creer lo que ve: tanta gente, un ambiente tan alegre, todos los escenarios preparados, furgonetas de los grupos musicales, chiringuitos, bares, tiendas de *merchandising*, gente disfrazada…

– Qué ambientazo. Qué guay.

– Este año han vendido 40.000 entradas –dice Miguel.

– Eso es mogollón de gente.

– Vamos a flipar.

Montan sus tres pequeñas tiendas bajo unos árboles, muy cerca de la playa.

Miguel hace todo lo posible para poner su tienda al lado de la de Clara. “Está un poco inclinada creo. No sé si voy a estar muy cómodo, pero no me importa. Estoy a su lado”, piensa Miguel.

Un chico con un gran sombrero de Harry Potter se les acerca:

– ¿Dan? ¿Eres Dan Ortega? ¿No me reconoces? Soy Lucas, tío. Lucas Fernández.

– Lucas, colega. ¡Cuántos años sin verte! ¿Y ese sombrero?

– Jaja. En Madrid no lo llevo. Te lo juro.

– Jeje. Eso espero. Mira estos son mis amigos Clara y Miguel. Este es Lucas, bueno, Harry, jeje, un amigo mío del cole. Estudiamos juntos hasta los 14 años.

– Es la primera vez que hablo con Harry Potter en persona –dice Clara riéndose.

– ¿Estáis instalados en el camping? –les pregunta Lucas–. Pues ya nos iremos viendo por aquí.

Un rato después deciden darse un baño en el mar.

El agua está limpia y transparente.

– Qué gustito.

– Qué pena no tener playa en Madrid.

– Los de Madrid tenemos ese problemita, que no hay playa.

“Vaya, vaya” dicen los tres cantando una vieja canción de los 80[1]. Risas.

Y siguen nadando.

Sol y mar. Amigos. Música. Libertad.

---

1 Ein Lied aus den 80er, das in ganz Spanien heute noch bekannt ist. Ihr könnt das Lied online anhören (s. Seite 1).

# 3. La llamada

Vuelven al camping. Cada vez hay más gente. Ya casi no hay sitio para más tiendas de campaña.

Tienen que hacer una larga cola para ducharse. Y también empiezan las colas para ir a los chiringuitos para comer. Nada importa. Están en un festival. Y solo son tres días. Tres días de fiesta permanente.

Mientras esperan para conseguir unos bocadillos en un chiringuito, Dan piensa que tiene que mandar un mensaje a sus padres y se da cuenta de que no ha puesto a cargar el teléfono. Busca el móvil en el bolsillo de los pantalones, pero no lo encuentra. Vuelve a buscar, pero no está.

– Voy un momento a la tienda y vuelvo –les dice Dan a Clara y a Miguel.

–Ok –contesta Miguel, contento porque se queda a solas con Clara. “Por fin solos”, piensa.

Dan va a la tienda de campaña para mirar en su mochila, pero el móvil no está. Vacía la mochila: pantalones, camisetas, ropa interior, calcetines, sudadera, neceser… Nada. Busca y vuelve a buscar.

“Socorro. ¿Dónde está mi móvil? ¿Dónde está? Sin móvil esto va a ser una pesadilla. Una horrible pesadilla.”

– Tíos – les dice Dan a Miguel y Clara cuando vuelve –, he perdido el móvil.

– Noooooo.

– Jo, qué desastre.

“¿Por qué, por qué, por qué tiene que pasarme esto a mí y ahora, justamente ahora? ¿Por quéééé?

Dan está muy nervioso. No tener móvil es un problema: no puede hablar con nadie, no puede hacer fotos, no puede grabar vídeos, no puede subir historias a Instagram.

"Un desastre. Un desastre total."

Come su bocadillo de Frankfurt en silencio.

– Dan, tío, anímate –le dice Miguel.

– Toma mi móvil, Dan, y llama a tus padres.

– Gracias, Clara. Ahora los llamo. Pero no es eso. Es que me da rabia.

– Ya. Te entiendo, tío. Yo soy muy despistado y lo pierdo todo, así que te entiendo a tope –le dice Miguel–, a tope.

– Pero es que yo no soy despistado. Nada despistado. Qué bajón, tíos.

– Venga, tranqui –le dice Clara mientras le pasa su móvil.

Dan se aleja un poco para llamar a sus padres.

– Hola, mamá. Soy yo. Te llamo desde el teléfono de Clara...

Cuando Dan vuelve, los conciertos ya están a punto de empezar. Se oye a los músicos que prueban sus instrumentos.

"Un, dos, tres, probando, probando".

La gente empieza a ir hacia cada escenario.

–¿A qué concierto vais?

– Yo a *Shiny band* –dice Clara.

– Yo también–. Miguel, en secreto, está dispuesto a estar al lado de Clara todo el tiempo.

– ¿Y no vais a escuchar a *Electric fury*. Son increíbles. Unos cracks. Top total.

– Pero son muy poco conocidos...

– Sí, solo tienen un disco. Pero tienen temas alucinantes. Por ejemplo, *The long way* es brutal.

– Qué friki eres, Dan. Pero yo prefiero ir a ver a los *Shiny*, que los conozco.

– Vale, pues nos vemos luego. Nos mandamos un wasap sobre las ocho para saber dónde y cuándo quedamos. ¿Mola?

– Perfecto.

# 4. Dan

Miguel y Clara se mezclan entre la gente. Solo cuando ya no los ve, Dan se da cuenta de que no pueden conectarse por wasap porque no tiene móvil. El maldito móvil.

“Por lo menos nadie ha escuchado mi llamada a casa. Espero. Uff”.

Dan siente vergüenza cuando recuerda lo que le ha dicho a su madre:

*Sí, sí, todo bien, todo muy bien con Clara y su familia. Solo un problemita, mamá. ... No, no, nada grave. Es que, no sé cómo, he perdido el móvil. ...*

*Sí, sí, a lo mejor lo he perdido en el jardín de los padres de Clara. Lo hemos buscado y no está en ninguna parte. Lo siento. ...*

*No te preocupes. Este es el número de Clara. Llamadme a este teléfono.*

Cuando recuerda la llamada, Dan se siente fatal. “He perdido el móvil pero lo más gordo es que he mentido. He mentido a mis padres y a mis amigos. Qué mal rollo. No me gusta nada mentir. Nada”.

Luces, láser, los primeros sonidos de la banda... Sale el cantante. Todo el mundo aplaude y grita de emoción.

“Hola Palomares. Hola Almería. Hola España” –dice con un gran acento inglés.

La gente grita más.

Y empieza el primer tema de *Electric fury*. Dan se olvida de todo y solo piensa en la música.

“¡Qué guitarra! ¡Qué acordes! ¡Qué ritmo!”

Dan baila y baila. Está disfrutando de su primer concierto.

“Esto es vida. Qué diver”.

Ya no se acuerda ni del móvil, ni de las mentiras. La música, la música… La música lo cura todo.

Todo el mundo baila sin parar. Cantan, saltan, se pisan, se pisan mucho, se miran, sonríen, se abrazan.

Dan mira a la gente de su alrededor. Hay chicas muy guapas. Mucho. Un poco más adelante una chica de pelo largo y negro baila como una profesional. Dan nunca ha visto una belleza así y se queda alucinado mirándola.

"Guau, me chifla" –piensa.

Quiere hablar con ella, quiere bailar con ella, quiere saberlo todo de ella, pero no sabe cómo hacerlo.

Entonces, Dan ve una mano que está cogiendo el móvil del bolsillo del pantalón de la chica. Mira la mano, el brazo, el tatuaje en el cuello y reconoce al chico del tren. Y, de repente, lo comprende todo.

–Eh, tú. El móvil, el móvil... Eh, oye, te acaban de robar el móvil –grita Dan.

La chica, él y muchos otros miran a su alrededor... El chico del tatuaje ha desaparecido.

# 5. Miguel

"La tienda de campaña al lado de la de Clara. Bieeeeeen. Y ahora vamos al mismo concierto. Este es mi momento. Ahora o nunca".

Miguel es un romántico que intenta parecer que es un chico duro, tiene mucho sentido del humor y es bastante sociable. Pero no explica sus cosas personales. Es muy cerrado.

Clara y él se conocen desde hace muchos años. Son amigos de la infancia porque sus padres son muy amigos y siempre han veraneado juntos.

Para Miguel, Clara es como una prima.

Era.

Era como una prima.

Ya no.

A Dan, Clara y Miguel les encanta la música y han montado una banda. Aún no tienen nombre. Y Miguel está buscando uno. Miguel es muy bueno para poner nombres y para escribir letras de canciones. Una vez a la semana los tres amigos se encuentran en el garaje de casa de los padres de Clara, tocan, cantan, improvisan y lo pasan muy bien haciendo su propia música.

Un día, no hace mucho tiempo, Clara estaba cantando una canción, Miguel la miró y se enamoró de ella. De golpe. Ya no era como una prima. No. Ya era Clara. Su amor.

Nadie, nadie lo sabe. Ni Clara.

Para Miguel este festival es importante. Y no solo por la música. Estos días piensa decirle a Clara lo que siente. No aguanta más. Está seguro de que ella siente lo mismo. Segurísimo. Ha visto señales: miradas, sonrisas, abrazos.

Dormir en la tienda de campaña a su lado es muy importante: la noche, la playa, el mar, la luna llena…

A Miguel no le gusta ser tan romántico y lo intenta disimular, pero es así. Y ha escrito una canción para Clara. Piensa cantársela con la guitarra una de estas noches en la playa. Todo el día va cantando en silencio la canción. La música es lenta y el texto habla de amor. "No sé si es muy adecuada en un festival de música electrónica", piensa.

A Miguel los *Shiny band* no le gustan mucho. Prefiere otros grupos menos comerciales. Pero Clara ha decidido ir a verlos y él quiere estar cerca de Clara. Siempre.

"Mola bailar juntos –piensa–. Y si tocan *Moon on the sea* será fantástico. *Moon on the sea*. Como esta noche. Mmm".

También piensa en Dan: "¿Será un problema? Está sin móvil. ¿Entrará todo el rato en mi tienda o en la de Clara para pedirnos el móvil? ¿Podremos estar solos Clara y yo? Ojalá".

En la larga cola para comer, Dan ha llamado a sus padres con el móvil de Clara. Dan estaba lejos y Miguel no lo ha oído bien, pero ha oído cosas raras.

Dan ha dicho: "Clara y su familia".

"¿Clara y su familia?"

"El jardín de sus padres", ha dicho.

"¿Sus padres? ¿Jardín?"

Miguel no lo ha entendido. No le importa. Cosas de Dan. "Por suerte Dan es un friki de la música y alucinará. El primer festival de tu vida es alucinante. Y no nos molestará". Ese pensamiento lo anima.

Empieza el concierto.

– ¡Qué mogollón de gente! – le dice a Clara.

– Es flipante.

*Shiny band* no decepciona. Tocan sus mejores canciones y la gente enloquece.

– Lo petan, tío –le dice Clara a Miguel.

Acaba el concierto.

Todo el mundo grita: "Otra, otra, otra".

*Shiny band* vuelve al escenario y tocan *Moon on the sea*.

Miguel piensa que es una señal.

– Esta noche hay luna llena, ¿sabes? –le dice a Clara.

– ¿En serio? Qué guay.

– ¿Nos bañamos solos tú y yo a la luz de la luna?

"Clara va a decir que sí". Está seguro, segurísimo. Ha visto señales. Muchas señales. La mira y espera la respuesta.

Pero no esta:

– No lo sé, Miguel. Depende. Ya veremos –dice, distraída, Clara.

"Eso es casi un no. Socorro", piensa Miguel.

Miguel se queda muy sorprendido, chocado, triste. No esperaba esto de Clara. Ni de las señales: las miradas, las sonrisas, los abrazos.

Pero Miguel es obstinado, muy obstinado.

Y él quiere a Clara.

– ¿Dónde vas a ir tú ahora? –le pregunta Clara a Miguel.

– No sé –le dice–. ¿No tenemos que quedar con Dan? Tenemos que enviarle un wasap ha dicho.

– Ah, sí, es verdad. Espera, espera. ¡Qué fail, tío. ¿Cómo le vamos a enviar un wasap si no tiene móvil?

– Ostras, es verdad. ¿Y ahora qué hacemos?

– Ni idea. Pero seguro que va a algún concierto raro. ¿Lo vas a buscar tú?

– Vale, pero...

– Y yo voy a ver a *Banana's Revolution*. Ya sé que a ti no te gustan nada.

– No, nada –dice, muy serio, Miguel.

– Vale, pues nos vemos después en el camping.

"Esto es un no, un auténtico no. Clara pasa de mí. Qué bajón", piensa Miguel

# 6. Clara

Cuando han llegado a Palomares y ha visto la playa, los árboles, el azul intenso del cielo y del mar y el anuncio de su grupo preferido, Clara ha comprendido que ese festival va a cambiar su vida. Porque tiene un plan. "Y ese plan es ahora o nunca", se dice a sí misma.

Desde hace tiempo le está dando muchas vueltas a su situación. No entiende lo que le pasa.

"No sé, no sé qué me pasa con este tío. Es como una obsesión. Pienso en él todo el tiempo, todo el tiempo. Pienso en él hasta en las clases de anatomía. ¡De anatomía! Estoy majara. Majara. No sé si es amor o qué es esto, pero tengo que saberlo de una vez por todas".

Clara no se atreve a contarle a nadie, ni a su familia ni a sus amigos, todo lo que ha hecho y hace por ese grupo. Y menos lo que siente por su líder. Solo saben que es fan de *Banana's Revolution*, pero nadie en su entorno entiende que una persona como ella, tan objetiva, tan científica, tan inteligente, tenga ese otro lado tan irracional.

"Pues lo tengo. Nadie es perfecto. Soy una fan de manual. Sé que parezco una adolescente, más adolescente que Dan, diría, pero no lo puedo evitar. Y, además, esta pasión, o lo que sea, aumenta día a día. Yo pensaba que con los años se me pasaría. Pero no".

Todo eso lo está pensando mientras está con Miguel en el primer concierto de la tarde, el de *Shiny band*. Casi al final, Miguel le dice que hoy hay luna llena y que podrían ir a nadar los dos por la noche. Lo han hecho otras veces, cuando veraneaban juntos de pequeños. Pero hoy no. Hoy Clara tiene otros planes.

Y piensa que esos planes van a fracasar cuando se dan cuenta de que no pueden contactar con Dan por wasap como han dicho porque Dan ha perdido el móvil.

"Uf, suerte que Miguel ha aceptado ocuparse de buscar a Dan. Así puedo ir tranquilamente al concierto de *Banana's Revolution*. Bueno "tranquilamente", no. Estoy nerviosísima, de hecho. Como un flan".

Antes de ir al festival, en Madrid, Clara se ha comprado ropa en las rebajas. Ha pensado mucho en la ropa que iba a ponerse para el concierto de hoy.

"Por suerte el *outfit* este me gusta y me hace sentir bien. Aunque no sé, quizás podría haberme puesto el otro vestido que me compré… Pero no, no, mejor este, creo. Es más sexy. Y con este calor…"

Clara se hace unas selfis para mirarse bien y ver si le gusta su aspecto.

"Sí, no estoy mal, no estoy mal."

Los fans de *Banana's Revolution* empiezan a acumularse frente al escenario. Clara va corriendo para encontrar un buen lugar. Todos se dan empujones para conseguirlo. No hay piedad. Es la ley de la selva. Gana el más fuerte. Y Clara lo es. Logra ponerse en la tercera fila y en medio. Un sitio ideal para verlo todo bien y de cerca.

Se encienden las luces de colores del escenario, los láser que se mueven de lado a lado por encima de los asistentes y suenan los primeros acordes. El público grita: ¡!!Re-vo-lu-ti-on, re-vo-lu-ti-on, re-vo-lu-ti-on!!! Y en ese momento sale el cantante, el líder del grupo, Andrés Blanco. Tiene una energía increíble y ya antes de cantar consigue que las seis mil personas que están esperando ese concierto estallen.

"Claro que estoy enamorada de él. Es guapísimo. Y tiene rollo."

Empieza el primer tema: "Posturea". Todo el mundo se sabe la letra de la canción y la cantan desde el principio.

Clara baila y canta, ve a mucha gente conocida que está entre el público, la saluda con la mano, sigue bailando y, de repente, ve a su lado una chica, alta, guapa y morena, exactamente con su mismo *outfit*.

"¡Oh, no! – piensa Clara– Nooooo. No puede ser. ¿Por qué? ¿Por qué me tiene que pasar esto".

Decide alejarse un poco. Tiene mucha experiencia en moverse entre el público y consigue un sitio mejor.

El concierto es una locura para los fans. *Banana's Revolution* suena muy bien y el cantante lo da todo. Cuerpo y alma. Canta, baila, hace reír y emociona.

El público vibra más con cada canción y todos cantan cada más fuerte:

"*Quiero ser necesario, quiero encontrar el norte, quiero risas y abrazos...*"[2]

Va oscureciendo y el público enciende la luz de sus móviles para acompañar a su grupo.

Clara hace fotos, graba vídeos y sube unos cuantos a Instagram. Canta a voz en grito con la gente que tiene alrededor. Se lo está pasando muy bien.

– Gente, ha sido maravilloso estar hoy con vosotros. Sois lo mejor. Sin vosotros todo esto no tendría sentido –dice Andrés Blanco antes de cantar la última canción.

El público grita:

"!Re-vo-lu-ti-on, re-vo-lu-ti-on!

Y empieza el último tema, muy fuerte y potente, con un solo de batería espectacular. Habla de la necesidad de cambiar el mundo:

*"El mundo es nuestro.*
*Y por eso, colegas,*
*La revolución es nuestra, solo nuestra".*

Más gritos del público, saltos, el delirio.

2 Ihr könnt das Lied online anhören (s. Seite 1).

Un chico que está al lado de Clara bebiendo una cerveza salta como un loco. Clara ve a cámara lenta cómo la cerveza sale del vaso, sube lentamente y baja con gran rapidez para caer justamente encima de su estupendo vestido recién comprado y encima de su pelo.

– Tío –le dice Clara al chico– mira cómo me has puesto.

– Lo siento, lo siento. No me he dado cuenta. Perdona.

Clara está completamente mojada.

“Socorro. Socorro. Qué desastre, queeeeé maldito desastre. Todo mi plan destrozado. ¿Cómo me puedo colar ahora en la zona VIP para verlos? Con esta pinta, no puedo ir. Mierda”.

El concierto está terminando. El público no quiere irse.

“Otra, otraaaaa, oooootraaaaa”.

Los músicos, sudados, agotados, vuelven a salir.

Todo el mundo aplaude.

Y suenan los acordes de la última canción, una que a Clara le encanta. Cuando llega el estribillo de la canción: “*Que la vida son mil meses. Mil meses*[3]”, Clara empieza a dudar otra vez:

“Mil meses. Solo mil meses. Qué corta es la vida. No hay tiempo que perder”.

El público empieza a irse, por el lado de Clara pasa la chica alta, guapa y morena que lleva un *outfit* idéntico a ella.

“Ella perfecta, como una *influencer*, y yo con esta pinta. Nada. Abandono. Hoy no es mi día. Otro día será. Me voy al camping”.

En ese momento, alguien le toca el hombro:

– Eres Clara Aguado, ¿verdad?, del club de fans…

– Sí, soy yo.

– Soy Roberto, el manager del grupo.

– Sí, sí, lo sé. Te reconozco.

– Andrés quiere que subas a la zona VIP. ¿Te apetece?

---

3 Ihr findet das Lied online (s. Seite 1).

## 7. Desconexión

Nada es como se esperaba.

Miguel está solo, deprimido y triste intentando encontrar a Dan. Y pensando en Clara.

Dan lleva mucho rato buscando al tío que le ha robado el móvil a Noemí delante de sus narices. Pero está tan encantado con su nueva amiga que no se acuerda de Clara ni de Miguel ni de nada.

Clara en la zona VIP está como en una nube, viviendo una experiencia única, sin pensar ni un segundo en sus amigos.

Las primeras actuaciones han terminado. Y ahora hay una pequeña pausa entre concierto y concierto.

Gente, gente, gente. Miles de personas de un lado a otro.

Miles de personas cada vez más contentas, disfrutando de la fiesta, de sus amigos y del buen rollo del ambiente.

Miles de personas y Miguel se siente solo. Solo como la una. "Qué bajón. Todo el mundo divirtiéndose y yo aquí solo. Sin Clara y buscando desesperadamente a Dan. Vaya festival."

Hay tanta gente que Miguel no sabe cómo podrá encontrar a Dan. "Sin móvil. Sin el maldito móvil".

Primero decide ir a la zona donde han cantado los *Electric fury*, pensando que, probablemente, Dan estará por ahí. Recuerda que Dan lleva una camiseta muy llamativa con grandes rayas de colores: azul, naranja y amarillo.

"Será fácil encontrarlo –piensa Miguel– con esa camiseta".

Busca y busca entre la gente. Cerca del escenario ve a un chico con la camiseta. Va corriendo, pero no es Dan. Sigue buscando y, en una cola para comprar bebidas, ve a un chico idéntico a Dan que lleva su misma camiseta.

"Oh, qué suerte. Allí está".

Se acerca. Pero tampoco es Dan.

Después de buscar por toda la zona donde *Electric fury* ha actuado, cambia de idea.

"Tengo que pensar qué grupo le puede interesar a Dan ahora. Un grupo raro, friki".

Mira el programa. Hay dos o tres posibilidades.

Cuando llega al lugar donde va a actuar *Jamjam*, ve a Dan en la primera fila, junto al escenario.

"Ya era hora", piensa.

Pasa entre la gente que espera el inicio del concierto para llegar a donde está Dan.

– Tío. ¡Por fin!

El chico mira muy sorprendido a Miguel y le dice:

– ¿Nos conocemos?

"Glups –piensa Miguel–. Pero ¿qué pasa con esta camiseta? ¿Todo el mundo lleva la misma? ¿La regalan o qué?"

Mientras tanto Dan, con Noemí, están buscando al chico que le ha robado el móvil en pleno concierto. Dan lo ha visto muy bien en el tren: camiseta negra, fuerte, con un tatuaje en el cuello, … Y lo ha reconocido.

"Menuda aventura esta", piensa Dan.

– ¿Te das cuenta, Noemí, de que seguramente somos las dos únicas personas sin móviles en medio de 40.000 personas?

– Sí, jeje. Qué pringaos. Eso sí, hay alguien en el festival que al menos tiene tres –dice Noemí pensando en el ladrón.

– Jajaja. Sí, tres al menos. A ver si no roba más.

Cuando Dan ha visto que el chico del tren le robaba el móvil a Noemí y la ha avisado, los dos han empezado a correr detrás de ese tío con el tatuaje en el cuello y una camiseta negra. Pero no es fácil perseguir a nadie en medio de tantísima gente.

– Un ladrón, un ladrón –gritaban Dan y Noemí.

Nadie les hacía demasiado caso. La gente estaba pendiente de la música, de sus amigos, de sus bebidas, de sus teléfonos, de sus cosas… Algunos se apartaban un poquito para dejarlos pasar.

Pero, enseguida, el ladrón se ha perdido entre la multitud.

– Nada. Ni rastro de él.

– ¿Y ahora qué hacemos? –pregunta Noemí –. ¿No hay policía o seguratas?

–Ni idea. Es mi primer concierto –confiesa, un poco avergonzado, Dan.

– Jajaja. También es mi primera vez.

– Pues vaya par de colgaos.

En la sala VIP de *Banana's Revolution* hay un ambiente increíble: periodistas, fotógrafos, artistas, gente famosa, todos los músicos del grupo, algunos fans... Y allí está Clara. Hay, también, mucha comida: jamón, canapés, croquetas, … y cava, mucho cava. Clara no puede creerlo. Es como estar en medio de una película. Su ídolo, Andrés Blanco, está ahí, a unos pocos metros de ella, hablando con periodistas. Clara sabe que, enseguida, hablarán porque él la ha llamado. "Me ha llamado. Me ha llamado a mí. Es taaan increíble".

Clara, sin embargo, no se siente muy segura. Aún tiene la ropa y el pelo mojados por la cerveza mientras que allí está, espléndida, la chica que lleva su mismo *outfit*.

"Ella impecable y yo así. Brrrr. Qué desastre".

Roberto, el manager del grupo, se acerca a Clara:

– ¿Estás disfrutando?

– Muchísimo. Alucino. Me hace mucha ilusión estar aquí, con vosotros.

– Y a nosotros tenerte aquí.

"Qué tío tan mono", piensa Clara.

– Andrés se quedará libre dentro de poco.

– Guay.

Cuando Roberto se aparta, Clara decide hacerse una selfi a pesar de todo, de su pelo y de su ropa mojada, pero, cuando mira el teléfono, ve que tiene un mensaje de la madre de Dan.

> Clara, dile a Dan que me
> llame antes de las 8, por favor.
> Es un poco urgente. Un beso 😚

Clara no sabe qué hora es. Mira el móvil y descubre que son casi las 10 de la noche. En ese momento, suena el teléfono. Es la madre de Dan.

"Vaya, qué mal momento" –piensa Clara. No sabe si contestar o no. Pero contesta.

## 8. La cosa se complica

– Hola, Carmen, ¿qué tal?

– Muy bien, Clara. ¿Y vosotros? –dice la madre de Dan.

– Estupendamente, gracias.

– Mira, te llamo a ti porque como Dan no tiene teléfono...

– Sí, pobre. ¡Qué rabia!

– ¿Pero cómo lo ha perdido?

– Ni idea. Parece que en el tren.

– ¿En el tren? ¿Qué tren?

Clara empieza a pensar que algo va mal. Pero dice:

– En el tren para llegar aquí.

– ¿Aquí? ¿Dónde es aquí?

– Pues en Almería. En el Dreambeach.

– ¿Qué es eso del Dreambeach? A ver, a ver, a ver… ¿Tú no estás en Segovia con tus padres?

Clara comprende, de repente, que Dan no les ha dicho a sus padres que iba a un concierto.

–Bueno, sí, en realidad sí, estuvimos allí, pero ahora… –Clara no sabe cómo arreglar la situación.

– Pásame a Dan inmediatamente, por favor, Clara. Esto tengo que hablarlo con él.

– Es que no está conmigo ahora mismo, Carmen.

La madre de Dan está enfadada y preocupada. Su hijo ha mentido, es menor de edad, se ha ido sin permiso a Almería a un macro concierto y Clara no sabe dónde está.

– Pues localízalo y que me llame inmediatamente.

Cuando la madre de Dan cuelga, Clara se queda hecha polvo.

"¿Inmediatamente? ¡Dios mío! ¿Y cómo encuentro a Dan ahora? ¿Por qué no nos ha dicho que sus padres no sabían nada? Maldito niñato."

Clara está viviendo uno de sus sueños y no está dispuesta a abandonar la fiesta VIP. Decide escribir a Miguel.

Miki, ¿se sabe algo de Dan?

No, nada.

¿Nooooo?

Imposible encontrarlo con este mogollón de gente.

Ha llamado su madre y quiere hablar con él inmediatamente.

Uff.

¿Y sabes lo más fuerte?

¿Qué?

Dan no les ha dicho que venía a un concierto.

¿Quéééééé?

Sus padres pensaban que estaba conmigo y con mi familia.

Miguel recuerda los trozos de la conversación de Dan con su madre esta mañana y lo entiende todo: padres de Clara, jardín…

Menudo marrón.
¿Qué hacemos ahora?

Miguel mira el wasap esperando la respuesta. Pero Clara no ha leído sus dos últimos mensajes.

"Brrr. Estoy harto. Harto de Clara, de Dan, de este festival. Yo no quería esto. No quería nada de esto".

Ha empezado uno de los conciertos más esperados por Dan. Es de los *Amazing mushrooms*, un grupo muy minoritario. "Pero con futuro", dicen las críticas. Bailando, en medio de toda esa gente alegre, de buen humor, que disfruta de la fiesta, Dan piensa que es uno de los días más felices de su vida. "Y, encima, con Noemí". Ya no busca al ladrón, desaparecido en medio de la gente, no se acuerda de que tiene que contactar con Clara y con Miguel y ni ha pensado un segundo en llamar a sus padres. Se está divirtiendo como nunca. El resto no importa.

Mientras está bailando, alguien se le acerca por detrás y le toca en el hombro.

– ¿Me presentas a tu amiga?

Es Lucas. Lucas con su sombrero de Harry Potter.

– Qué susto, tío. No te había visto.

– Jeje. Estaba aquí al lado bailando. ¿Y tú eres?

– Noemí.

– Yo, Lucas. Mola este concierto, ¿no?

– Muchísimo.

En ese momento Dan ve de nuevo al tío del tatuaje en el cuello. En voz muy baja dice:

– Tápanos, Lucas, tápanos.

– ¿Pero qué te pasa, tío?

– Lucas, nos tienes que ayudar.

– ¿Qué?

– ¿Ves a ese tío de ahí? ¿A ese con ese tatuaje enorme en el cuello?

– Sí, ¿quién es?

– Un ladrón –dice Noemí hablando muy bajito–. Me ha mangado el móvil. Lo ha visto Dan.

– Y me parece que también me ha mangado el mío en el tren. Tenemos que hacer algo.

– ¿Cómo que tenemos que hacer algo? –dice Lucas–. Es un tipo fuerte con pinta bastante agresiva. Yo no me atrevo a hacer nada, tíos. No me atrevo.

– Te necesitamos, Lucas. Tengo una idea. Una muy buena idea.

# 9. Miguel

"No. Me ha dicho "no". Clara no quiere naaaada de mí. Mi primer amor y mi primer fracaso. Qué currículum, dios– piensa Miguel–. Tengo que empezar a olvidarla, pero ¿cómo? ¿Cómo se olvida un amor?"

Miguel está hecho polvo.

Como no sabe qué hacer, decide escribir en el chat de sus cuatro mejores amigos. Necesita ideas.

Colegas, la tía que me gusta me ha dicho que no
¿Quéééééé hago?

Olvídala. ¡Pero ya!

No, no, no, tío. Insiste. Habla con ella. Hazla reír.

Anímate, colega. No es el fin del mundo.

Enamórate de mí, Miki

"Vaya. Cuatro amigos, cuatro consejos distintos", piensa Miguel.

Uf, qué complicado. A ver qué hago. Deseadme suerte. Thanks, colegas.

Y desconecta. "Qué fácil es hablar cuando no es tu problema", piensa.

Miguel está harto. No ha encontrado a Dan pero sí a muchas personas con su camiseta y decide ir a un concierto y olvidarse de todo. De Dan, de la madre de Dan, de Clara, de todo y de todos.

A Miguel le encanta un grupo español que se llama *Whisky and roses*, sobre todo el bajo, Billy López. Para Miguel es un ídolo. Pasa muchas tardes viendo vídeos suyos y sabe tocar todas sus canciones. Escucharlo esta noche va a ser su terapia.

"Esto me va a salvar el día".

Hay muchísima gente en ese concierto, uno de los mejores del festival. Pero Miguel logra ponerse en la primera fila, en el sitio perfecto para ver a su ídolo de cerca.

Llega la hora pero el concierto no empieza.

El público está impaciente.

Pasan los minutos y nada.

Todo el mundo empieza a gritar el nombre del grupo: ¡*Whisky and roses!*

¡*Whisky and roses!*

¡*Whisky and roses!* y aplauden tres veces cada vez.

Pero no sale nadie.

Los gritos aumentan.

Miguel ve cómo llega una ambulancia y aparca detrás del escenario. Unos enfermeros suben a la zona de artistas y bajan, unos minutos después, con alguien en una camilla. Todo muy discreto. Casi nadie se da cuenta.

"Algo gordo está pasando", piensa Miguel, que lo está viendo todo. Decide acercarse un poco más a la zona donde está la ambulancia.

El público sigue gritando el nombre del grupo:

¡*Whisky and roses!*

¡*Whisky and roses!*

Mientras meten al enfermo en la ambulancia, Miguel oye a dos personas del equipo de *Whisky and roses:*

– ¿Anulamos el concierto? Sin bajo no podemos hacerlo.

– ¿Seguro?

– Segurísimo. Piensa en todos los solos que tiene Billy.

– Qué desastre, tío. Aquí hay más de cinco mil personas esperando. Anular es muy heavy.

– ¿Pero cómo conseguimos un bajo? Un buen bajo…

Miguel está alucinado. Buscan un bajo y él es muy bueno.

"¿Voy y les digo que yo sé tocar el bajo y que conozco todas, todas, todas las canciones del grupo? ¿Me atrevo? ¿O no?"

Está hecho un mar de dudas.

"Estoy loco. ¿Cómo me van a decir que sí? ¿Cómo le van a decir que sí a un tío de 19 años?

Miguel decide no decir nada. Sin embargo, enseguida piensa: "Pero si no lo intento, me arrepentiré siempre, siempre, siempre… Socorro. ¿Qué hago? ¿Lo digo? ¿No lo digo?"

# 10. Dan

Dan no imaginaba que ir a un macro concierto se iba a convertir en una película policíaca y que él iba a ser el protagonista.

Escondido con Noemí detrás de Lucas y su enorme sombrero de Harry Potter, ha tenido una idea:

– Mira, Lucas, vamos a seguir a ese tío.

– ¿Al tío ese del tatuaje? Ni hablar, Dan, conmigo no cuentes.

– Solo tenemos que seguirlo. Este tío no está aquí por la música.

– Exacto –dice Noemí– . A este la música le importa poco. Está aquí para robar todo lo que puede

– ¿Y a nosotros qué nos importa eso? –pregunta Lucas, realmente asustado.

– ¡Hombre! ¡Recuerda que nos ha mangado el teléfono a Noemí y a mí!

– Si lo pillamos, igual podemos recuperar nuestro móvil –dice Noemí.

– Y que no robe más.

– Pero solo lo seguimos, ¿vale? –dice, medio convencido, Lucas–. No nos metemos en líos ni nada de eso, ¿de acuerdo?

– Ok.

Dan le pide el sombrero a Lucas:

– Déjamelo, plis, que, así, no me reconocerá.

A Noemí le da un ataque de risa cuando Dan se pone el sombrero de Harry Potter.

– Ponte tu capa de invisibilidad. Es mejor –le dice Noemí riendo–. Ah, y dame tu varita.

– Lo siento, Noemí, la varita solo la pueden usar los verdaderos magos –le comenta Dan.

– Jajaja.

Disimuladamente, van siguiendo al ladrón mientras este se mueve con cuidado entre el público, que baila y canta absolutamente concentrado en la música.

Dan aprovecha, también, para escuchar los temas de los *Mushrooms*. Y se queda alucinado con un solo de batería. "Sensacional este colega". Le encanta. Y va cantando algún trozo mientras, debajo de su sombrero, observa y sigue al ladrón.

Un rato después, el cantante de *Amazing Mushrooms* anuncia su último tema. El público se vuelve loco. Todo el mundo se pone a cantar, a saltar, a bailar. Es el delirio.

Y ese es el momento en el que Lucas ve al chico del tatuaje coger una cartera del bolso de una chica con una mano y con otra el billetero del bolsillo trasero del pantalón de su novio.

– Mirad, mirad, el tío ese del tatuaje, está robando dos carteras.

Dan empieza a correr entre la gente gritando:

– Eh, eh, eh. Este tío os está robando. Eh, que os está robando. Sí, sí, ese tío de la camiseta negra. El del tatuaje en el cuello.

El ladrón empieza a huir entre la gente, pero unas cuantas personas que han oído los gritos de Dan reaccionan enseguida y lo persiguen entre el público.

– Que no se escape, que no se escape –grita Noemí mientras corre.

Lucas también se apunta a la persecución. Cada vez son más las personas que van detrás del ladrón. Dan, con su sombrero, va el último.

De repente, el ladrón cambia de dirección y se encuentra directamente con Dan. Dan ve la cara de odio de ese chico delante de sus narices. Se muere de miedo y no sabe qué hacer.

"Este me pega. Apuesto a que este me pega", piensa Dan.

– Maldito niñato, me las pagarás– le dice a Dan mientras lo empuja.

Dan cae al suelo, cierra los ojos y espera un golpe.

"No, no soy muy valiente en el fondo", piensa.

Cree que ha llegado el final y que ese tío va a destrozarlo.

En ese momento oye:

– Policía. Queda detenido.

Dan no lo puede creer. No sabe si ha tenido una conmoción cerebral y está teniendo alucinaciones o si todo es real.

Abre los ojos.

Y sí, todo es real. Unos guardias de seguridad y dos policías acaban de detener al ladrón. El público aplaude y mucha gente graba vídeos y hace fotos.

– ¿Estás bien? – le pregunta Noemí mientras ayuda a Dan a levantarse.

– Creo que sí.

– Uf. Me alegro.

Lucas recupera su sombrero que está en el suelo y se lo pone.

– Lo siento, tío. Se acabaron tus súper poderes.

– Jejeje.

– ¿Nos vamos a Hogsmeade a tomar algo? –propone Noemí.

# 11. Clara

Un rato después, cuando Andrés Blanco termina con la prensa, Clara ve que se acerca a ella y nota el corazón a toda velocidad. No solo por su ídolo sino también porque Clara tiene un pequeño problema: cuando está nerviosa, los nervios le hacen decir cosas inadecuadas y tiene miedo, mucho miedo de que ahora le pase lo mismo. Y le pasa.

– Hombre, ¡qué casualidad! ¿qué haces por aquí? –le pregunta Clara a Andrés.

Andrés se queda un poco sorprendido pero no demasiado. Los fans le dicen cosas muy raras a veces.

Clara se pone colorada como un tomate. "¿Por qué he dicho eso? ¿Por qué he dicho eso? Vaya manera de meter la pata. Tierra trágame".

– Perdona, perdona, es que cuando estoy nerviosa, digo tonterías…

– Jajaja. Qué divertido. No te preocupes –la tranquiliza Andrés.

– *Shame* total.

– Jajaja. Oye, eso de ir mojada a un concierto, queda muy molón, ¿eh? –le dice Andrés riéndose.

Clara se muere de vergüenza y de risa:

– Calla, calla, no era exactamente la idea que tenía para hoy.

– Jajaja. Pues estás muy guapa.

"¿Muy guapa? ¿Andrés me ha dicho que estoy muy guapa? No me lo puedo creer".

– Gracias –dice, tímidamente, Clara–. Oye, qué concierto tan increíble. Flipo.

– ¿Te ha gustado? Qué guay.

Después de esta conversación, Clara ya no sabe qué más decir. Años esperando conocer a su ídolo en persona y ahora no sabe qué decirle.

"A ver, Clara –se dice a sí misma–, eres una mujer inteligente, con notas brillantes en la universidad, eres sociable, tienes un montón de amigos y has viajado, ¿cómo puede ser que no se te ocurra nada? Venga, piensa, piensa…".

Por suerte Andrés sabe cómo llevar una conversación y Clara consigue relajarse y disfrutar del momento. Mientras hablan, se va acercando gente a saludar a Andrés, le piden selfis y autógrafos, pero, después, él sigue con ella.

– Oye, cuando terminen los conciertos de esta noche, tenemos montada una fiestuqui en una discoteca muy cerca de aquí. Es una fiesta privada. Muy guay. ¿Te vienes?

De repente, se oye una voz de pito que le dice a Andrés:

– Oooooh, ¿en serio? ¿Una fiesta privada? ¡Qué top! ¿Dónde es?

Andrés y Clara miran a la persona que ha hablado.

"Noooooo. No puede ser –piensa Clara–. Ella, con su *outfit* perfecto y, encima, metiéndose en nuestra conversación y coqueteando con Andrés. Será imbécil la tía esta".

Clara se aleja un poco de ellos para ir a buscar otra copa. No soporta estar al lado de esa mujer, con su mismo conjunto, pero ella impecable.

En la barra hay gente esperando que los camareros les sirvan las copas. Mientras espera, Clara va grabando el ambiente y sube el vídeo a Instagram. Y, entonces, ve un mensaje de un amigo que pone:

> Acabamos de ver este vídeo del Dreambeach.
> ¿No estarás en medio de este lío, ¿no?

Clara aprieta el botón de "play".

El vídeo es del concierto de *Amazing mushrooms*. Todo parece normal hasta que bastantes personas empiezan a correr detrás de alguien en medio del público. Hay mucha confusión. Gente que corre, gente que sigue bailando. Y gritos. Muchos gritos. Clara ve a un chico que lleva el sombrero de Harry Potter. "¡Es el amigo de Dan!". Luego ve que todas las personas que corren cambian bruscamente de dirección. La confusión aumenta. "Harry Potter" cae al suelo. Se oyen gritos más fuertes. Alguien dice "policía". Y ya no se ve nada más.

"Uf. Qué mal rollo", piensa mientras contesta a su amigo.

Todo bien. No sufras. Yo estaba en otro concierto. ¿Sabes cómo ha terminado todo?

Clara se ha angustiado. "¿Dónde estarán Dan y Miki? ¿Cómo he podido olvidarme de ellos? ¿Y de su madre? ¿Cómo puede ser que me vuelva tan irresponsable en los conciertos? Basta. Me voy a buscarlos. Esto no puede ser".

Cuando está a punto de irse, se encuentra a Roberto.

– ¿Ya te vas?

– Sí. Lo siento. Tengo que irme.

– Qué pena –le dice Roberto– ¿Es inevitable?

"Qué tío tan mono", vuelve a pensar Clara.

– Es que tengo un marrón. He venido con unos amigos. Y uno de ellos es menor y no sé dónde está. Tengo que localizarlo como sea.

– ¿No lo puedes llamar?

– Es que ha perdido el móvil.

– Pues, ¿sabes qué? Te acompaño. Me apetece salir de aquí un rato.

– ¿En serio? –le pregunta Clara.

– En serio. Totalmente en serio.

Antes de salir, Clara trata de despedirse de Andrés Blanco. Lo ve al fondo, rodeado de mucha gente y a su lado la maldita *influencer* y su *outfit*.

– ¿Vamos? –le dice Roberto a Clara.

Clara se va con él.

## 12. Y llega la noche

Es de noche. Una típica noche de verano en el Mediterráneo: cielo estrellado, mar tranquilo, calor... Algunas personas se han ido a tomar algo a la playa y a darse un baño nocturno en el mar aprovechando la luna llena. Esa luna llena que Miguel también quería aprovechar para declararle su amor a Clara. Pero Miguel ya no piensa en eso. Tiene problemas más importantes.

Dan está en un local de la policía y los guardias de seguridad del concierto. Intenta localizar su móvil entre los objetos que había robado el tío del tatuaje, ese tío que ha sido una pesadilla para Dan desde que estaba en el tren. Noemí está a su lado, tratando de recuperar el suyo.

– A ver, jovencitos –les dice un guardia – esto es todo lo que han robado hoy. ¿Alguno de estos teléfonos es el vuestro?

Dan y Noemí ven sus teléfonos entre unos 30 ó 40 más.

– Sí, el mío es ese con la funda azul.

– Y el iPhone de ahí es el mío. Ese con la pantalla un poco rota. Sí, ese.

– ¿Tenéis alguna manera de demostrarlo? –les pregunta el guardia.

– Puedo poner la contraseña. Si se abre es que es mío, ¿no? – propone Dan.

Muy bajito Noemí le dice a Dan:

– ¿Tu contraseña no será "Alohomora"?

Dan se muere de risa. Pero intenta que no se note. "Nada de risas delante de los seguratas y de la policía".

Las contraseñas de Dan y Noemí funcionan y los responsables de la seguridad les devuelven sus móviles.

– ¡Salvados!– dice Dan–. ¿Qué son? ¿Las 11? Es un poco tarde pero voy a llamar a mi madre.

– Ok.

Dan no sabe que no va a ser una conversación fácil.

– Vaya. No tengo batería. ¿Vamos un momento a mi tienda de campaña a buscar el cargador?

– Ok. Vamos.

Paseando entre la multitud y buscando a sus amigos, Clara le ha hecho un resumen a Roberto de todo lo que ha pasado con Dan:

– Y yo no me atrevo a llamar a su madre si no lo encuentro.

– Claro, claro.

– Pero es que, además, ahora estoy muy preocupada, mucho. Es el primer concierto de Dan y espero que no se haya metido en ningún lío.

– Tranquila. Seguro que está disfrutando como un poseso.

– Ojalá.

Roberto le da un pequeño abrazo a Clara:

– No sufras.

"¡Qué mono es este tío! ¡Qué, qué mono!

El móvil de Clara empieza a sonar. Es la madre de Dan. Clara ve que hay 5 ó 6 llamadas perdidas suyas que no había visto. Pero decide no contestar. "La llamaré antes de las 12. Tengo que encontrar a Dan antes. Me queda una hora".

– Si te parece, podemos acercarnos a la zona de camping para ver si, por casualidad, Dan está allí –le dice Clara a Roberto– No tenemos mucho tiempo.

– Venga, vamos.

Clara siente el impulso de abrazar a Roberto, pero no se atreve. "¿Qué me está pasando?", piensa.

Cuando llegan a sus tiendas de campaña, Clara abre la puerta de la de Dan esperando encontrárselo ahí. Pero está vacía.

– Me estoy empezando a poner muy nerviosa, Roberto. Mucho.

– Oye, ¿y no estará en la playa? Hay bastante gente. Igual ha decidido ir allí.

Clara y Roberto andan por la arena, por la orilla del mar, bajo la luna llena. Van mirando los grupos de personas que están por ahí, pero no encuentran a Dan. A lo lejos Clara ve una extraña silueta, le parece que tiene la forma del sombrero de Harry Potter y empieza a correr.

– Harry, Harry –grita cuando está muy cerca.

Pero nadie contesta.

"Cómo se llamaba el amigo de Dan? ¿Cómo se llamaba? –trata de recordar Clara– Empezaba por ele me parece... ¿Luis? No, no era Luis. Ah sí, ¡Lucas!"

– ¡Lucas! ¡Lucas! –grita de nuevo.

– Ah, hola. Tú eres la amiga de Dan, ¿verdad?

– ¿Has visto a Dan? Yo no lo he visto desde después de comer.

– Sí, hemos estado juntos hasta hace un rato.

– ¿Y sabes dónde está ahora?

– Ahora no sé, pero hace un rato estaba en la policía.

– ¿Quééé? ¿En la policía? –Clara está estudiando medicina y sabe que el ritmo de su corazón no es normal, nada normal–. ¿Lo han detenido? ¿Ha hecho algo?

– No, no, tranquila. Pero ha conseguido pillar al tío que le había robado el móvil.

– ¿El solo? Dioooos...

– No, no. Conmigo.

– ¿Contigo?

– Sí, y con una amiga. Hemos localizado al ladrón y lo hemos seguido entre el público.

– Ah, entonces el vídeo viral que corre por ahí es de eso... Te he visto a ti con tu sombrero y que te caías al suelo.

– No, no era yo. Era Dan que llevaba mi sombrero. ¿Hay un vídeo? Mola. A ver...

– Ahora te lo paso. Voy a ver si encuentro dónde está la policía.

Cuando pasan por delante de la puerta de sus tiendas de campaña, Clara oye dentro la voz de Dan que dice:

– Bueno, esto ya está un poco cargado. Voy a llamar a mi madre.

Clara se lanza hacia la puerta de la tienda de Dan, se mete dentro y gritando le dice:

– Espera, espera. No lo hagas. Noooo lo hagas.

Cuando Dan se entera de que su secreto ha sido descubierto, se siente fatal.

– No quería mentir. Pero quería venir a este concierto como fuera. Era mi sueño. Y sabía que no me iban a dejar –le dice Dan a Clara, muy apenado.

– Yo te entiendo, Dan. Pero podías habérmelo dicho a mí y a Miguel… No sabes lo mal que me siento por haber metido la pata.

– Tranqui. La culpa es mía. Ahora llamo a mi madre.

Dan se aparta para llamar. La conversación no va a ser fácil. Mejor si nadie la oye.

Mientras tanto Clara, Roberto y Noemí se quedan hablando.

Al cabo de un rato, Dan vuelve con ellos.

– ¿Qué tal ha ido? –le pregunta Clara.

– Bueno, no ha sido el fin del mundo pero casi… Pero me parece que mi próximo concierto no será pronto…

– Ánimo, que dentro de dos años ya eres mayor de edad.

– ¿Dos años sin conciertos? Eso es una eternidad.

– Bueno, no pienses en eso ahora… –le dice Clara.

– ¿Y Miguel? –pregunta Dan.

– Ni idea. Lo llamo.

Clara llama y llama pero Miguel no contesta.

– ¿Es que nunca podemos estar los tres juntos? ¡Qué desastre!

– ¿Lo buscamos? –le pregunta Dan.

– Noooo. Yo ya no busco a nadie más hoy –dice Clara.

– Jejejeje.

– Oye, mientras discutís eso, ¿por qué no vamos a algún concierto? –pregunta Roberto.

– Sí, venga, vamos.

Roberto le coge la mano a Clara.

"¡Qué mono es este tío. Qué mooooono!", piensa Clara.

Noemí le dice a Dan:

– Venga, anímate y disfrutemos.

Y lo abraza.

"No me lo puedo creer. Esta mujer maravillosa me está abrazando", piensa Dan.

–¿Por qué no vamos a ver a *Whisky and roses*? Son geniales –propone Roberto.

El concierto está ya empezado. El ambiente es impresionante y la gente está totalmente entregada aprovechando los últimos momentos de la noche.

– Son buenísimos –dice Noemí–. No los conocía.

– Geniales. Qué pena que Miguel no esté aquí con nosotros –dice Clara.

En ese momento se escucha un solo del bajo:

– Guau. ¿Oís qué bajo? ¡Impresionante!

– Brutal.

El público aplaude, baila, grita…

– Qué top, tíos. Qué top.

– Lo voy a grabar ahora que tengo móvil, jaja. Es una pasada.

Dan empieza a grabar un vídeo y, de repente, grita:

– Ostras, ostras, ostras… Clara, mira al bajo, mira bien al bajo y dime que no estoy alucinando.

– No me lo puedo creer. No me lo puedo creer.

– ¿Qué pasa? –pregunta Roberto.

– ¡Es Miguel! ¡El que está tocando es Miguel! ¡Nuestro Miguel! ¡Miki!

– ¿Quéééé? ¿En serio?

– ¿Pero qué hace allí?

– Ni idea. Nos lo tendrá que contar.

El público aplaude enloquecido. Todo el mundo baila sin parar. Alegría. Fiesta. Amigos. Libertad. La música no permite oír el tranquilo sonido del mar. Y nadie se fija en la inmensa luna llena que lo ilumina todo.

## Abreviaturas y símbolos

| | |
|---|---|
| coloq | = coloquial, umgangssprachlich |
| juv | = juvenil |
| loc | = locución, idiomatischer Ausdruck |
| subj | = subjuntivo |
| + inf | = mit Infinitiv |
| → | = aus derselben Wortfamilie |
| ≠ | = Antonym |
| = | = Synonym |